Der Dritte im Bunde ist **Watson** – Nicks und Ellas aufgeweckter Labrador. Er erschnüffelt jede Spur …

2. Fall: Expedition ins Weltall

von
Petra Kummermehr

Gestaltung und Illustration
Jutta Wetzel

Mildenberger

Wir sprechen in Silben, aber wir sehen Buchstaben. Wie kann der Leseanfänger in den Wörtern die Silben finden? Ganz einfach, mit dem farbigen Silbentrenner. Dieser ist die entscheidende Lesehilfe. Kann das Kind flüssig lesen, gelingt der Umstieg auf einfarbige Texte problemlos. Und das Beste: Der farbige Silbentrenner hilft auch bei der Rechtschreibung.

Weitere Informationen zur Silbenmethode:
www.silbenmethode.de

Erzählungen in drei Lesestufen

Bildnachweis
S. 14 + 15: (Hintergrund) ISS-41_By NASA @ Reid Wisemann via Wikimedia; (Hintergrund) Holzstruktur © Pixabay; S. 14: Astronauten @ picture alliance – Thomas Körbel/dpa; S. 15: ISS-Raumstation © picture alliance/NASA/dpa; S. 26 + 27: (Hintergrund) Astronauten unter Wasser © NASA Photo – Alamy Stock Photo; S. 27: ESA Koeln © M. Trovatello – Wikimedia Commons; S. 36: Alexander Gerst © ESA/NASA; Sojus Trägerrakete © Wikimedia Commons; S. 46 + 47: (Hintergrund) Holzstruktur © Pixabay; S. 46: Astronaut mit schwebendem Obst © Handout-NASA/dpa Picture Alliance; S. 47, 56 + 57: Planeten © alexlmx – stock.adobe.com

Bestell-Nr. 1200-21 · ISBN 978-3-619-12021-5

www.mildenberger-verlag.de
E-Mail: info@mildenberger-verlag.de

Auflage	6	5	4	3
Jahr	2026	2025	2024	2023

Redaktion: Nicole Brandau
Grafik: Mildenberger Verlag GmbH
Gestaltung und Illustration: Jutta Wetzel, 53721 Siegburg

Druck: Grafisches Centrum Cuno GmbH & Co. KG, 39240 Calbe
Gedruckt auf umweltfreundlichen Papieren.

Bezugsmöglichkeiten
Alle Titel des Mildenberger Verlags erhalten Sie unter: www.mildenberger-verlag.de oder im Buchhandel. Jede Buchhandlung kann alle Titel direkt über den Mildenberger Verlag beziehen. Ausnahmen kann es bei Titeln mit Lösungen geben: Hinweise hierzu finden Sie in unserem aktuellen Gesamtprogramm.

Inhaltsverzeichnis

So hat alles begonnen …

Eines Nachts wurden die beiden Stiefgeschwister Nick und Ella von ihrem Hund Watson geweckt. Geheimnisvolle Musik war in ihrem Haus zu hören. Sie folgten den Klängen und entdeckten eine Geige, die wie von Zauberhand gespielt wurde. Plötzlich drehte sich alles um sie herum und sie wurden in einen Wirbel gezogen.
Als sie wieder zu sich kamen, befanden sie sich in London im Jahr 1894, direkt vor dem Haus des berühmten Detektivs Sherlock Holmes. Dieser erwartete sie schon. Er erklärte den dreien, dass Nick ein entfernter Nachfahre von ihm sei, und er bat sie darum, einen Fall für ihn zu übernehmen. Nick, Ella und Watson konnten diesen Fall lösen und überzeugten den Detektiv von ihren Fähigkeiten.

Und so beschloss Sherlock Holmes, die drei auf weitere Missionen zu schicken. Dazu schenkte er Nick eine Zauber-Taschenuhr. Mit ihrer Hilfe kann Nick mit seinen Freunden durch Raum und Zeit zum jeweiligen Einsatzort reisen. Diese Taschenuhr hatte Sherlock Holmes bei einem seiner genialen Experimente entwickelt. Doch auch wenn Holmes selbst nicht mehr reist, so hat er seit diesem Experiment die Fähigkeit, sowohl in die Vergangenheit als auch in die Zukunft zu blicken.

Während die drei Freunde unterwegs sind, vergeht in der Gegenwart keine Zeit. So können sie unbemerkt ihre spannenden und geheimen Missionen erfüllen.

Reise zu den Sternen

Aufmerksam sah Watson zu, wie Ella das Haus verließ. Sie wollte sich mit ihrem Dad in einem Eiscafé treffen. Wie gern wäre Watson da mitgegangen! Aber nein, er musste zu Hause bleiben und sich langweilen. Er gähnte, so laut er konnte. „Uuuaaahhh!“ Endlich verstand Nick. „Komm, Watson!“, rief er. „Wir gehen Gassi.“ Das ließ sich der Labrador[1] nicht zweimal sagen. Er stürmte auf Nick zu.

Draußen flitzte er hin und her. War das herrlich! Nick stand da und blickte in den Himmel. „Schau mal, Watson, hier kann man schon den Mond erkennen“, sagte er. „Schade, dass man tagsüber die Sterne nicht sehen kann.“ Watson wusste nicht genau, was ein Stern war. Aber er liebte diese hellen Lichter am

---

1 Hunderasse

Nachthimmel. Manchmal schienen sie zum Greifen nah zu sein.

Zu Hause kam Nicks Vater mit einem Brief auf sie zu. „Er ist ohne Absender hier angekommen“, wunderte er sich.

Watson war ganz aufgeregt. Ob er von Sherlock Holmes stammte?

Nick öffnete den Brief erst in seinem Zimmer. „Watson, wir werden in die Zukunft reisen!“, sagte er. „Wir müssen einen Brand auf einer Raumstation[2] verhindern. Mitten im Weltall.“

Watson bellte begeistert! Nun würde er die Sterne aus nächster Nähe sehen.

2 Mit Raumstation ist die Internationale Raumstation ISS gemeint, ein riesiges Forschungslabor im Weltall.

Reise zu den Sternen

„Bis später, Nick!“ Gut gelaunt schwang sich Ella auf ihr Rennrad. Sie freute sich wahnsinnig auf das Treffen mit ihrem Dad. „Nun ist es schon vier Monate her, seit er das letzte Mal von Amerika hier war“, rechnete sie. Ella war so schnell gefahren, dass sie rasch am Ziel war. Sie schloss ihr Rennrad ab und lief zu einem Eiscafé. Mark, Ellas Dad, kam ihr schon entgegen und nahm sie in den Arm.

Bei einer riesigen Portion Erdnussbutter-Eis erzählten sich die beiden, was sie in den vergangenen Monaten erlebt hatten.

Nach einer Weile schaute Mark auf einen Fernseher, der vor ihnen von der Decke herabhing.

„Interessierst du dich eigentlich für die Raumfahrt?“, fragte er.

„Ja, weshalb?“

„Da, schau! Gerade startet eine Rakete ins Weltall. Die Astronauten fliegen auf die ISS.“

„Die ISS[1]?“ Ella blickte ihren Dad fragend an.

„Ja, die Internationale[2] Raumstation. Sie kreist in ca. 400 km Entfernung um die Erde.“

„Wow! Es muss wunderschön sein, die Erde von oben zu sehen.“

---

1 International Space Station. Die Raumstation ist ein riesiges Forschungslabor im Weltall.
2 weltweite

„Hm.“ Mark überlegte. „Vielleicht ist es in Zukunft sogar möglich, als ganz normaler Tourist in den Weltraum zu reisen.“
„Das wäre cool!“ Ellas Augen blitzten.
„Ich im Weltall.“

Als sie später zu Hause ankam, dachte sie noch immer an das Gespräch mit ihrem Vater. Da kam Nick freudestrahlend auf sie zu. In der Hand hielt er einen Brief.
Ella riss die Augen auf. „Ist der etwa von Sherlock Holmes?“, platzte sie heraus. „Ein neuer Auftrag?“
„Exakt!“, antwortete Nick geheimnisvoll.
„Super, wohin geht es? – Zufällig ins Weltall?“, witzelte Ella.
Nick starrte sie sprachlos an, was nicht sehr häufig vorkam.
„Nun sag schon!“, drängelte Ella. „Wohin werden wir geschickt?“
„Ins Weltall – in der Tat. Woher wusstest du das?“
Nun war Ella sprachlos, aber nur kurz. „Ach, nur so eine Vorahnung …“
„Na so was, für Vorahnungen bin doch normalerweise ich zuständig“, neckte sie Nick. „Aber jetzt im Ernst. Holmes schickt uns ins Jahr 2040 auf die Internationale Raumstation.“

„Die ISS, wie cool!“, freute sich Ella.

„Du kennst sie also?“ Nick war erstaunt, doch er fing sich gleich wieder. „Am 3. April 2040 soll dort ein großes Feuer ausbrechen. Wer oder was für den Brand verantwortlich ist, konnte Holmes leider nicht sagen. Unsere Aufgabe wird es sein, dieses Feuer zu verhindern.“

„Kein Problem! Das schaffen wir!“, sagte Ella und tätschelte ihren Hund, der gerade auf sie zugelaufen kam. „Nicht wahr, Watson?“

Wie zur Bestätigung bellte der hellbraune Labrador und wedelte freundlich mit dem Schwanz.

Reise zu den Sternen

„Bis heute Abend“, rief Nick Ella hinterher. „Grüß deinen Dad von mir.“

„Werde ich machen!“, grinste Ella. „Ich freue mich schon so, ihn endlich mal wiederzusehen!“

Nick sah seiner Stiefschwester noch eine Weile hinterher. Niemals hätte er gedacht, dass sie sich einmal so gut verstehen würden. Doch mittlerweile waren sie eine turbulente und glückliche Patchworkfamilie[1].

Dann blickte er auf seinen Hund, der gähnend im Körbchen lag.

„Komm, Watson!“, rief er. „Wir gehen Gassi.“

Der hellbraune Labrador stürmte ihm voller Begeisterung entgegen. Draußen auf dem freien Feld flitzte er eine ganze Weile hin und her. Er genoss seinen Auslauf sichtlich.

Nick stand da und schaute in den Himmel. „Schau mal, Watson, hier kann man schon den Mond erkennen“, sagte er. „Schade, dass tagsüber keine Sterne zu sehen sind. Zurzeit kann man nämlich sehr viele Sternschnuppen beobachten. Aber eben nur nachts und leider auch nur aus der Ferne. Ich würde gern mal einen Stern aus nächster Nähe betrachten. Das wäre toll!“

Auch Watson blickte empor und bellte laut. Fast so, als hätte er ihn verstanden.

Zu Hause angekommen, wollte sich Nick gerade eine heiße Schokolade machen, als sein Vater Ralf mit einem Briefumschlag zu ihm kam.

1 Familie, in der Kinder zusammenleben, die von unterschiedlichen Elternteilen stammen

„Hier ist ein seltsamer Brief für dich angekommen, Nick. Ohne Absender." Ralf lachte. „Er sieht beinahe so aus, als stammte er aus längst vergangenen Zeiten."

Nicks Wangen glühten vor Aufregung. Sollte das tatsächlich ein neuer Auftrag von Sherlock Holmes sein?

„Und? Von wem stammt der Brief?" Nicks Vater konnte seine Neugier nur schwer verbergen.

„Das, ähm, ist ein Geheimnis. Ich werde dir bei Gelegenheit davon berichten", sagte Nick schnell und ließ seinen sprachlosen Vater einfach stehen. Watson folgte ihm blitzschnell. Er schien äußerst aufgeregt zu sein.

In seinem Zimmer öffnete Nick den Brief und las leise:

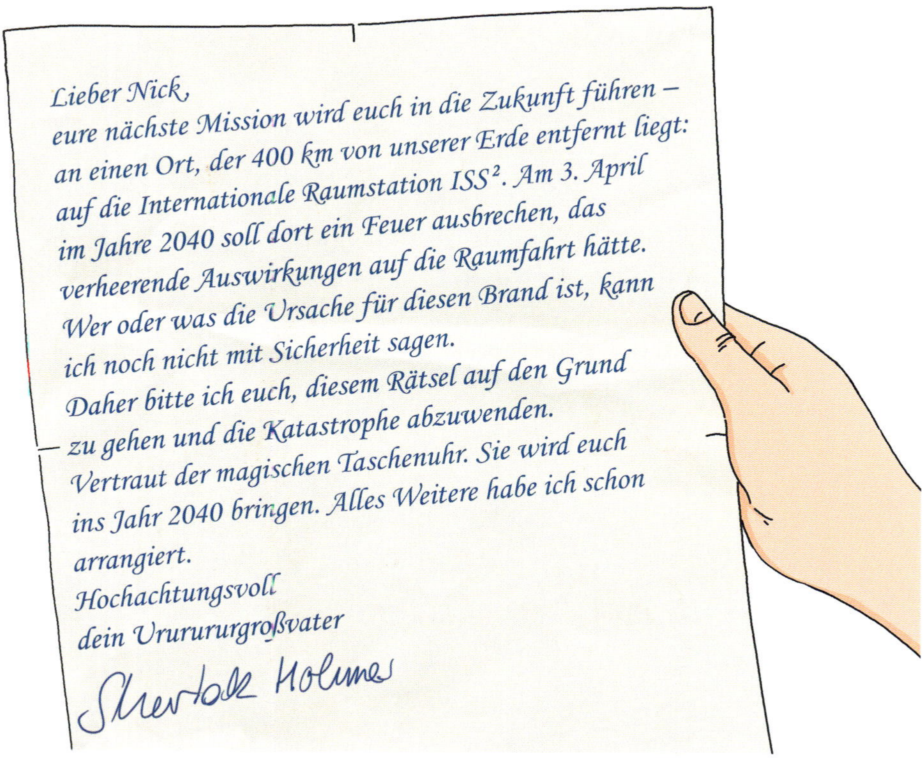
Lieber Nick,
eure nächste Mission wird euch in die Zukunft führen – an einen Ort, der 400 km von unserer Erde entfernt liegt: auf die Internationale Raumstation ISS[2]. Am 3. April im Jahre 2040 soll dort ein Feuer ausbrechen, das verheerende Auswirkungen auf die Raumfahrt hätte. Wer oder was die Ursache für diesen Brand ist, kann ich noch nicht mit Sicherheit sagen.
Daher bitte ich euch, diesem Rätsel auf den Grund zu gehen und die Katastrophe abzuwenden.
Vertraut der magischen Taschenuhr. Sie wird euch ins Jahr 2040 bringen. Alles Weitere habe ich schon arrangiert.
Hochachtungsvoll
dein Urururgroßvater
Sherlock Holmes

2 International Space Station. Die Raumstation ist ein riesiges, bemanntes Forschungslabor im Weltall.

„Watson, wir werden in die Zukunft reisen“, sagte Nick feierlich. In dem Moment hörten sie, wie die Haustür geöffnet wurde. „Das muss Ella sein. Ich bin gespannt, was sie zu unserem neuen Auftrag zu sagen hat …“

Mit Vollgas Richtung All: Der deutsche Astronaut Alexander Gerst (Foto: dpa) fliegt an diesem Mittwoch mit der US-Amerikanerin Serena Auñón-Chancellor und dem Russen Sergej Prokopjew ins Weltall. Als erster Deutscher darf Gerst das Kommando auf der ISS übernehmen. ■ Kommentar, Sonderseite

Liebes Tagebuch,

nach fast vier Monaten habe ich endlich wieder meinen Dad getroffen! Er lebt ja in Amerika, deswegen sehen wir uns so selten. Wir waren Eis essen und haben uns unterhalten. Es war ein wirklich schöner Tag! Als ich wieder nach Hause kam, wartete noch eine tolle Überraschung auf mich: Sherlock Holmes hatte einen neuen Auftrag für uns. Wir sollten in die Zukunft – ins Jahr 2040 – reisen, um einen Brand zu verhindern. Und dieser Brand sollte nicht irgendwo ausbrechen, sondern an Bord der Internationalen Weltraumstation ISS …

Deine Ella

Wissenschaft
für Nachwuchsforscher

NEWS
ABONNIEREN
PROJEKT

Die ISS

Die Raumstation ISS umkreist in einer Höhe von circa 400 Kilometern unsere Erde. Für eine Umrundung braucht sie 90 Minuten. ISS ist die englische Abkürzung für „International Space Station" und bedeutet Internationale Raumstation. Seit dem Jahre 2000 leben und arbeiten Astronauten aus verschiedenen Ländern an Bord der ISS.
Im Weltraumlabor „Columbus" werden medizinische, biologische, physikalische und chemische Experimente durchgeführt. Besonders interessant ist hierbei, wie sich bestimmte Dinge und auch Menschen in der Schwerelosigkeit verhalten. In sternklaren Nächten ist die ISS sogar von der Erde aus zu sehen. Man erkennt sie daran, dass sie heller leuchtet als viele Sterne und sich schnell am Himmel vorwärtsbewegt.

THEMEN

– 2001 reiste der erste Tourist (Dennis Anthony Tito) in den Weltraum.

– Mit einem russischen Sojus-Raumschiff flog er zur ISS.

– Der Flug kostete etwa 20 Millionen US-Dollar !!!

– Wie der Weltraum-Tourismus wohl im Jahr 2040 aussehen wird?

Mr. Sherlock Holmes, Bakerstreet 221 b, London

Training fürs Weltall

Watson hörte ungeduldig zu, wie Nick seiner Schwester alles berichtete.

„Wir nehmen Watson doch mit?“, fragte Ella dann.

„Natürlich!“ Watson bellte. „Immerhin war ich es, der den letzten Fall gelöst hat.“

Schnell rannte er los und brachte Nick die Taschenuhr.

Alle drei berührten die magische Uhr. Dann passierte es: Sie wurden in einen gewaltigen Wirbel gezogen.

Als sie wieder zu sich kamen, befanden sie sich im Jahre 2040 in einer riesigen Halle. Zwei Männer liefen auf sie zu, die beiden Astronauten Tom und Enrico.

Tom erklärte ihnen, dass sie sich in einem Astronauten-Zentrum[3] in Köln befanden. Tom und Enrico wollten die drei auf ihre Reise ins All vorbereiten. Offenbar hatten die Kinder in einem Preisausschreiben eine Fahrt in den Weltraum gewonnen. Das hatte Sherlock Holmes klug eingefädelt … Zuerst brachten die Astronauten die Kinder zu einem großen Windkanal[4]. „Hier könnt ihr euch auf die Schwerelosigkeit[5] im Weltall vorbereiten“, sagte Tom.

3 Hier werden Astronauten für die Raumfahrt ausgebildet.
4 In einem Windkanal kann man das Fliegen und Schweben testen.
5 Im All ist man schwerelos, weil man keine Gewichtskraft spürt wie auf der Erde. Man schwebt.

„Cool!“ Watson bellte und sprang in den Kanal.

Eine ganze Zeit lang schwebte Watson umher.

Dann stoppte Tom den Wind.

Als Watson herauskletterte, bemerkte er sofort, dass Tom verärgert war. Denn Enrico war einfach verschwunden. Dabei sollte er eigentlich das Training übernehmen.

„… war nur kurz telefonieren“, brummte Enrico, als er wieder auftauchte. Doch Watson spürte, dass mit Enrico etwas nicht stimmte. Hatte er etwas mit dem Brand auf der ISS zu tun?

Training fürs Weltall

„Ich kann es kaum fassen! Bald werden wir im Weltall sein!“, freute sich Ella. „Wir nehmen Watson doch mit, oder?“

Der Labrador knurrte laut. „Schon gut, Watson, du darfst ja mit“, beruhigte Nick ihn. Watson bellte kurz, dann verschwand er.

„Wo willst du denn hin?“, rief Ella ihm hinterher. Kurze Zeit später tauchte er mit der magischen Taschenuhr im Maul auf und legte sie Nick in die Hand. Als wüsste er genau, was nun zu tun war.

„Watson hat recht“, sagte Nick. „Worauf warten wir?“

„Von mir aus können wir gleich los“, stimmte Ella zu. Alle drei mussten nun die magische Uhr berühren. Dann konnte der Zauber beginnen … Ella, Nick und Watson hielten den Atem an. Was würde nun geschehen? In diesem Moment kam ein gewaltiger Wirbel auf und zog die drei mit sich.

Als sie wieder zu sich kamen, befanden sie sich im Jahr 2040. Sie standen in einer riesigen Halle mit vielen technischen Geräten, Vorrichtungen und Raumfahrzeugen.

Zwei Männer in blauen Overalls[3] liefen auf sie zu.

„Hallo, ich bin Tom und das ist mein Kollege Enrico. Und ihr müsst Nick und Ella sein.“

„Genau“, sagte Nick. „Und das ist Watson.“

„Herzlich willkommen in unserem Astronauten-Zentrum[4] in Köln. Wir werden euch hier auf eure Fahrt ins Weltall vorbereiten“, sagte Tom und grinste. „Ich glaube, ihr seid die ersten Weltraum-Touristen, die ihren Aufenthalt bei einem Preisausschreiben gewonnen haben.“

Ella schaute zu Nick. Preisausschreiben? – Das hatte Sherlock Holmes ja schlau eingefädelt …

Enrico, der zweite Astronaut, sagte gar nichts.

Er wirkte recht abweisend.

„Was er wohl hat?“, überlegte Ella.

Doch bevor sie weiter darüber nachdenken konnte, wurden sie von den beiden Astronauten zu einem Windkanal[5] geführt.

„Hier könnt ihr erste Erfahrungen mit der Schwerelosigkeit[6] machen. Wer möchte als Erstes?“, fragte Tom.

„Ich!“ Ella antwortete so schnell, dass sie selbst erschrak.

Doch als sie Sekunden später im Windkanal schwebte, bereute sie ihren Entschluss nicht.

---

3 einteilige Ganzanzüge
4 Hier werden Astronauten ausgebildet.
5 In einem Windkanal werden Eigenschaften von z. B. Flugzeugen getestet.
6 Im All ist man schwerelos, weil man keine Gewichtskraft spürt wie auf der Erde.

„Ist das cool!“, rief sie und schaffte es sogar, sich einmal um die eigene Achse zu drehen.

Nachdem auch Nick und Watson im Windkanal waren, sagte Tom: „Ich übergebe jetzt an Enrico. Er zeigt euch nun … Enrico? Enricooo?“ Suchend sah er sich nach seinem Kollegen um.

„Entschuldigung“, ärgerte sich Tom. „Wir müssen einen Moment warten.“

Kurze Zeit später tauchte Enrico wieder auf und brummte grimmig: „… war nur kurz telefonieren …“ Mehr konnte Ella nicht verstehen.

„Irgendetwas stimmt mit diesem Enrico nicht“, dachte sie. „Und ich werde herausfinden, was es ist. Ob er etwas mit dem Brand zu tun hat?“

Training fürs Weltall

„Ich kann es kaum fassen, dass wir bald im Weltall sein werden“, freute sich Ella, nachdem Nick ihr alles erzählt hatte. „Wir nehmen Watson doch mit, oder?“

Ein lautes Knurren war nun zu hören. „Schon gut, Watson, du darfst ja mit“, beruhigte Nick ihn. Watson bellte kurz laut auf, dann verschwand er.

„Wo willst du denn hin?“, rief Ella ihm hinterher, doch da tauchte er schon mit der magischen Taschenuhr im Maul auf.

„Manchmal ist mir unser Hund wirklich unheimlich“, stellte Nick fest.

„Stimmt! Man könnte fast meinen, er versteht alles, was wir besprechen“, sagte Ella.

Wie zur Bestätigung legte Watson die Taschenuhr in Nicks geöffnete Hände und sah ihn erwartungsvoll an.

„Ja, Watson hat recht“, sagte Nick. „Worauf warten wir?“

„Von mir aus können wir unsere Reise gleich starten“, stimmte Ella zu.

„Okay.“ Nick blickte auf die Taschenuhr in seiner Hand. „Wir müssen sie alle drei gleichzeitig berühren.“ Ella legte ihre Hand darauf und wollte auch Watsons Pfote ergreifen. Doch der clevere Labrador wusste genau, was zu tun war. Behutsam berührte auch er die magische Uhr. Dann konnte der Zauber beginnen … Ella, Nick und Watson hielten den Atem an.

Was würde nun geschehen? In diesem Moment kam ein gigantischer Wirbel auf und zog die drei mit sich.

Als sie wieder zu sich kamen, befanden sie sich im Jahre 2040. Sie standen in einer riesigen Halle umgeben von vielen technischen Geräten und Vorrichtungen. Es gab sogar originalgetreue Nachbauten von Raumfahrzeugen und riesige Tauchbecken. Wo waren sie hier gelandet?

Zwei Männer in blauen Overalls liefen auf sie zu. „Herzlich willkommen im Astronauten-Zentrum[3] in Köln“, sagte einer.

„Ich bin Tom und das ist mein Kollege Enrico. Ihr müsst Nick und Ella sein.“

„Genau“, sagte Nick schnell, um seine Überraschung zu überspielen. „Und das ist unser Hund Watson.“

„Meinen Glückwunsch!“, sagte Tom und grinste. „Ihr werdet die ersten Weltraum-Touristen auf der ISS sein, die ihren Aufenthalt bei einem Preisausschreiben gewonnen haben.“

Nick und Ella blickten sich vielsagend an. Preisausschreiben? – Das hatte Sherlock Holmes wirklich clever eingefädelt.

„Enrico und ich werden euch auf diese Weltraumexpedition vorbereiten. Wir werden euch mit der Schwerelosigkeit vertraut machen und Weltraumspaziergänge üben. Außerdem muss eure Fitness trainiert werden.“

Enrico, der die ganze Zeit stumm neben Tom stand, wirkte sehr abweisend.

„Komischer Kauz“, dachte Nick.

„Seid ihr bereit? Dann folgt mir …“ Energisch schritt Tom voraus.

Nach kurzer Zeit gelangten sie zu einem gewaltigen Windkanal[4]. Eine riesige Turbine[5] erzeugte einen starken Windstrahl in einem abgeschlossenen Raum. In den verglasten Raum konnte man hineinsehen.

---

3 Hier werden Astronauten ausgebildet.

4 In einem Windkanal werden Flugeigenschaften getestet.

5 eine Maschine, die Wind erzeugt oder aus Wind Energie gewinnt

„Hier könnt ihr erste Erfahrungen mit der Schwerelosigkeit[6] sammeln.“

Ella testete den Kanal als Erste und drehte sich sogar einmal um die eigene Achse. Danach war auch Nick an der Reihe. „Faszinierend“, dachte er. „So bereiten sich also unsere Astronauten auf die Bedingungen im Weltall vor.“

Zum Schluss durfte sogar Watson die Schwerelosigkeit testen.

„Ich übergebe jetzt an Enrico“, sagte Tom nach einiger Zeit. „Er zeigt euch nun … Enrico? Enricooo?“ Suchend sah er sich nach seinem Kollegen um.

Nick, Ella und Watson schauten sich irritiert an.

„Entschuldigung“, sagte Tom. „Wir müssen einen Moment auf meinen Kollegen warten.“ Sein Ärger war ihm deutlich anzumerken.

---

6 Schwerelosigkeit ist ein Zustand, bei dem keine Schwerkraft durch Erdanziehung mehr einwirkt. Man schwebt.

Kurze Zeit später tauchte Enrico wie aus dem Nichts auf und brummte grimmig: „… war nur kurz telefonieren …“

Mehr konnte Nick nicht verstehen, doch sein Misstrauen war geweckt. Dieser Enrico verhielt sich mehr als seltsam.

Nick beschloss, ihn genau im Auge zu behalten. Vielleicht hatte er ja etwas mit dem Brand zu tun?

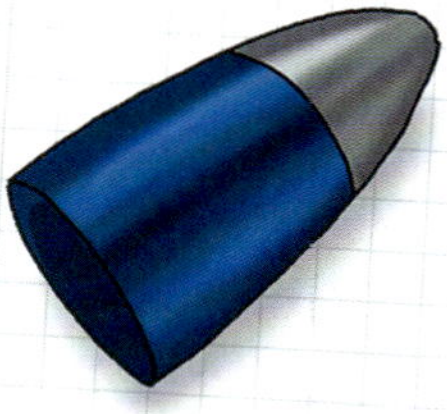

Es hat wirklich funktioniert! Wir sind mit der magischen Taschenuhr von Sherlock Holmes in die Zukunft gereist. Doch nicht direkt ins Weltall, wie wir dachten, sondern in ein Astronauten-Zentrum. Dort wurden wir von Tom und Enrico erwartet. Die beiden Astronauten haben uns eine Woche lang auf unsere Expedition ins Weltall vorbereitet. Sie hielten uns für einfache Weltraum-Touristen, die ihre Reise in einem Preisausschreiben gewonnen hatten. Offensichtlich wird Weltraumtourismus in der Zukunft nichts Außergewöhnliches mehr sein.
Im Astronauten-Zentrum ist uns allen Enricos merkwürdiges Verhalten aufgefallen. Er war sehr mürrisch und manchmal war er plötzlich wie vom Erdboden verschluckt. Sehr verdächtig!

Nick

So bereiten sich Astronauten auf den Weltraum vor:

Europäisches Astronautenzentrum in Köln

- In den USA, in Russland und in Europa gibt es Zentren, in denen Astronauten ausgebildet werden.
- Das Training dauert bis zu drei Jahren.
- Um auf der ISS Experimente durchführen zu können, müssen die Astronauten viel über Medizin, Chemie, Physik und Biologie lernen.

- Auch die Technik der ISS und der Raumsonde müssen sie kennenlernen.
- Auf die Schwerelosigkeit im All bereiten sie sich unter anderem durch Tauchen und Parabelflüge in speziellen Flugzeugen vor.

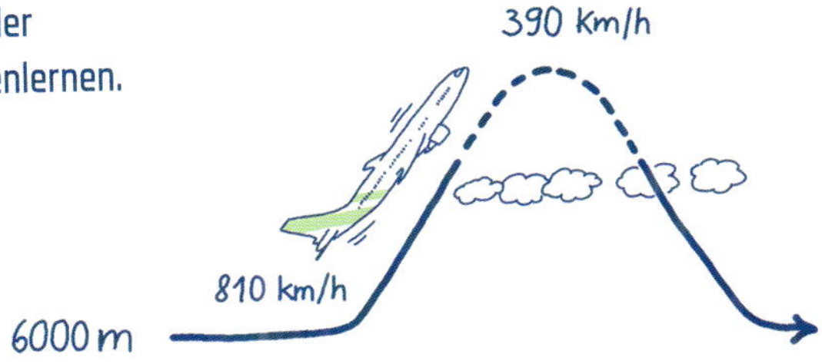

- Der Flug zur ISS ist für den Körper sehr belastend. Deswegen trainieren Astronauten auch ihre Fitness.

Schwerelos

Nach einer Woche war es so weit. Aufgeregt saßen alle in ihren Sitzen: Watson, Ella, Nick, Tom und der seltsame Enrico.

Dann schoss das Raumschiff los. Watson schaute aus dem Fenster. Die Erde unter ihnen wurde immer kleiner und kleiner.

„Gleich sind wir da“, sagte Tom.

Durch eine Schleuse[6] krochen alle an Bord der ISS. Watson schwebte durch den Raum.

War das ein tolles Gefühl!

6 kleiner Raum, Übergang zwischen zwei Bereichen

Da schwebten die zwei Astronauten Alexej und Sally auf sie zu. Sie begrüßten alle und zeigten ihnen die gesamte Raumstation.

Plötzlich bemerkte Watson, wie Enrico und Sally flüsterten. Der Hund wurde nervös. Was hatten die zwei zu verheimlichen?

Nick schien dies auch bemerkt zu haben. Vorsichtig schlich er sich an die beiden heran. Watson und Ella warteten gespannt.

Nick kam zurück. „Es ist alles in Ordnung mit Enrico. Sein Bein war verletzt. Aber er wollte es niemandem erzählen. Denn er hatte Angst, dass er deswegen nicht ins All fliegen darf. Nur Sally wusste Bescheid."

„Ich bin froh, dass Enrico nichts Böses geplant hat", sagte Ella erleichtert.

Doch Nick wirkte beunruhigt. „Aber … wer oder was ist dann für den Brand verantwortlich?"

Schwerelos

Nachdem sie sich eine Woche lang im Astronauten-Zentrum vorbereitet hatten, war es so weit. Fest angegurtet saßen sie in ihren Sitzen: Ella, Nick, Watson, Tom und der seltsame Enrico.

Dann schoss das Raumschiff los. Durch das Fenster konnte Ella auf die immer kleiner werdende Erde blicken.

„Faszinierend“, sagte Nick. „Ich kann von hier aus noch Berge, Flüsse und Meere erkennen.“ Auch Ella war beeindruckt von dem Ausblick, der sich ihr bot. „Gleich docken wir an“, freute sich Tom.

Auf der Raumstation krochen alle durch die Schleuse[7].

An Bord der ISS war das Gefühl der Schwerelosigkeit einfach überwältigend. „Wie cool ist das denn?“, rief Ella begeistert und machte gleich einen Purzelbaum in der Luft.

In dem Moment schwebten Sally und Alexej auf sie zu.

„Hallo ihr drei!“, sagte Alexej. „Habt ihr Lust auf eine kleine Führung? Ich zeige euch erst die Raumstation, dann eure Schlafkabine[8].“

„Ja, klar!“, riefen Ella und Nick. Watson wedelte begeistert mit dem Schwanz.

Nach einer Weile bemerkte Ella, wie Enrico und Sally zurückblieben und miteinander tuschelten.

Ellas Herz schlug schneller. Was hatten die beiden nur zu verheimlichen?

Auch Nick schien das bemerkt zu haben. Er schlich näher heran und lauschte. Ella und Watson warteten gespannt.

Schließlich drehte er sich zu ihnen um. Er wirkte sehr erleichtert.

„Wir haben uns in Enrico geirrt“, erklärte er. „Vor einiger Zeit hat er sich am Bein verletzt. Deswegen hatte er Sorge, dass er nicht ins All fliegen darf.

---

7 Kleiner Raum, Übergang zwischen zwei Bereichen, z. B. bei unterschiedlichem Luftdruck

8 Schlafraum auf (Raum)Schiffen

Denn dafür muss man absolut fit sein. Aus diesem Grund hat er seine Verletzung verheimlicht. Nur Sally wusste Bescheid."

„Mann, da waren wir ja völlig auf dem Holzweg[9]", kicherte Ella. „Und ich bin froh, dass es nicht Enrico ist, der etwas Böses im Schilde führt[10]."

„Nur …", fing Nick an und verstummte dann wieder.

„Was denn?", hakte Ella nach. „Nick? Was meinst du?"

„Nur …", wiederholte Nick langsam, „wer oder was ist dann für den Brand verantwortlich?"

Bei dem Gedanken, dass sie nun völlig im Dunkeln tappten und das Unglück jeden Moment über sie hereinbrechen konnte, lief Ella ein Schauer über den Rücken.

9 auf dem Holzweg sein (Redewendung): sich irren
10 Böses im Schilde führen (Redewendung): etwas Böses planen

Schwerelos

Eine ganze Woche lang hatten sich die drei Freunde auf ihre Expedition in den Weltraum vorbereitet. Nun war es endlich so weit. Fest angegurtet und aufgeregt saßen sie in ihren Sitzen: Nick, Ella, Watson, Tom und der seltsame Enrico.

Dann schoss das Raumschiff los und raste in unvorstellbarer Geschwindigkeit geradewegs auf die ISS zu.

„Faszinierend“, sagte Nick. „Ich kann von hier oben Berge, Flüsse und Meere sehen.“

„Gleich docken wir an“, freute sich Tom.

Auf der Raumstation krochen die beiden Astronauten gefolgt von Nick, Ella und Watson durch die Schleuse[7]. Nach der Enge im Raumschiff schien es auf der ISS riesig zu sein. Absolut großartig war das Gefühl der Schwerelosigkeit. In dem Moment schwebten zwei weitere Astronauten auf sie zu: Sally und Alexej.

7 kleiner Raum, Übergang zwischen zwei Bereichen, z. B. bei unterschiedlichem Luftdruck

„Willkommen an Bord der ISS!“, begrüßte sie Alexej. „Habt ihr Lust auf eine kleine Führung? Ich zeige euch zuerst die Raumstation, dann eure Schlafkabine.“

„Ja, klar!“, riefen Nick und Ella wie aus einem Munde. Watson wedelte begeistert mit dem Schwanz.

„Okay, dann fliegt mir mal hinterher“, grinste Alexej.

Nach einer Weile bemerkte Nick, wie Enrico und Sally zurückblieben und miteinander tuschelten. Sofort begann Nicks Herz schneller zu schlagen.

„Was läuft hier eigentlich?“, fragte er sich.

Auch Ella und Watson schienen etwas bemerkt zu haben. Alarmiert blickten sie ihn an.

Nick versuchte sich näher heranzuschleichen, was aufgrund der Schwerelosigkeit gar nicht so einfach war.

Da hörte er Sally flüstern: „Zum Glück ist alles gut gegangen. Wie hast du es denn geschafft?“

„Ich war bei einem Spezialisten“, war die Antwort.

„Bei einem Spezialisten?“ Nick kratzte sich am Kinn. „Das wird ja immer interessanter.“

Enrico sprach weiter: „Ja, und er hat mir grünes Licht gegeben. Er sagte, mit einer Salbe und ein wenig Training sei mein Bein bald wieder fit.“

Nun verstand Nick überhaupt nichts mehr. Salbe? Training? Bein? Was hatte das mit dem Brand zu tun?

„Und er hatte recht“, wisperte Enrico. „Seit gestern ist wieder alles in Ordnung.“

„Ich bin so froh, dass du mit zur ISS fliegen konntest“, sagte Sally. „Du hättest uns gefehlt – und das nur wegen einer kleinen Verletzung am Bein.“

„Sicher, aber du kennst ja die Vorschriften. Wir müssen hundertprozentig fit sein, wenn wir in den Weltraum fliegen. Und das hat auch seinen Sinn.“

Nun dämmerte es Nick langsam … Enrico hatte keinen heimlichen Plan ausgeheckt, um die ISS in Brand zu setzen. Er wollte lediglich eine Verletzung verheimlichen.

Erleichtert berichtete Nick anschließend seinen Freunden, was er belauscht hatte.

„Oje, da waren wir ja völlig auf dem Holzweg[8]“, kicherte Ella. „Und ich bin froh, dass es nicht Enrico ist, der etwas Böses im Schilde führt[9].“

„Nur …“, fing Nick an und verstummte dann wieder.

„Was denn?“, hakte Ella nach. „Nick? Was meinst du?“

„Nur …“, wiederholte Nick langsam, „wer oder was ist dann für den Brand verantwortlich? Wir müssen der Sache dringend auf den Grund gehen, sonst geschieht hier eine Katastrophe.“

8 auf dem Holzweg sein (Redewendung): sich irren
9 Böses im Schilde führen (Redewendung): etwas Böses planen

Das Leben im Weltall

Die Sojus-U-Trägerrakete mit Sojus 19

Mit welchem Raumschiff fliegen die Astronauten zurzeit zur ISS?

Seit 1967 ist das Sojus-Raumschiff im Einsatz.
Als Träger dient die Sojus-Rakete.

Wie lange fliegt man zur ISS?

Früher dauerte der Flug zwei Tage.
Heute kann man es schon in sechs Stunden schaffen.

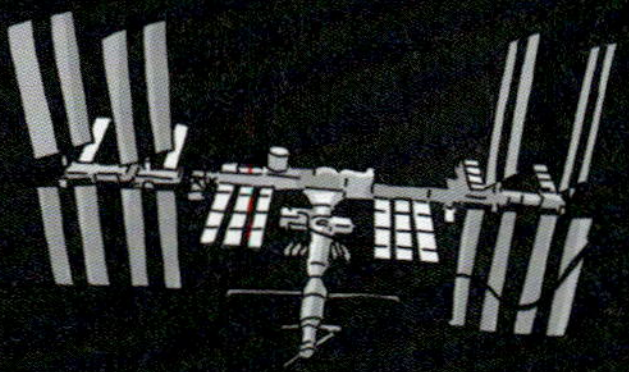

Der Flug durchs Weltall war sehr aufregend. Auf der ISS waren wir überwältigt von der Schwerelosigkeit. Das Gefühl zu schweben ist einfach unbeschreiblich. An Bord wurden wir gleich von den Astronauten Sally und Alexej begrüßt. Alexej hat uns die gesamte Raumstation gezeigt. Großartig!

Nach einer Weile bemerkten wir, dass Sally und Enrico miteinander tuschelten. Die beiden hatten etwas zu verheimlichen, das war ganz klar.

Ich schlich mich näher heran und belauschte sie. Im Laufe des Gesprächs merkte ich jedoch, dass wir völlig auf dem Holzweg gewesen waren. Enrico führte nichts Böses im Schilde. Er hatte nur ein Problem: Sein Bein war seit Wochen verletzt. Das versuchte er vor den anderen Astronauten zu verheimlichen. Nur Sally war eingeweiht. Daher sein merkwürdiges Verhalten …

Doch jetzt hatten wir ein neues Problem: Wenn es Enrico nicht war – wer oder was steckte dann hinter dem Brand?

Nick

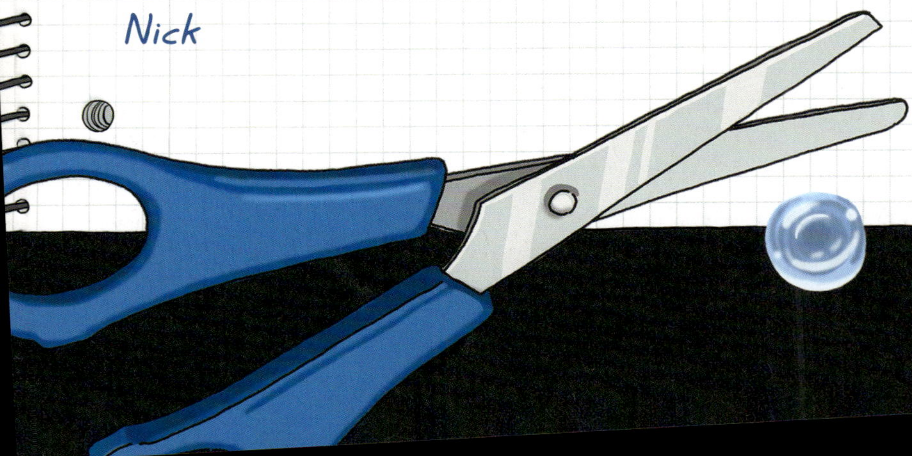

Watsons Spürsinn

Nach der Führung gähnte Watson laut. „Jetzt muss ich erst einmal schlafen!“ Er sprang leicht in die Luft und bewegte sich in Richtung Kabine. Ella und Nick folgten ihm. Zum Glück, denn er brauchte Hilfe. Wegen der Schwerelosigkeit musste er an seinem Schlafplatz festgebunden werden.

Am nächsten Morgen saßen alle gemeinsam mit den Astronauten beim Frühstück.

Auf einmal roch Watson etwas Verbranntes. Oje, was war das? Er schnupperte und folgte der Fährte[7]. Vor einer kleinen Kammer machte er halt. Hier musste es sein. Watson versuchte, mit der Pfote die Tür zu öffnen. Doch es gelang ihm nicht. „Was soll ich nur tun?“ Watson scharrte weiter. Genau in diesem Moment trafen Ella und Nick ein. Watson fiel ein Stein vom Herzen. Gemeinsam versuchten sie nun, die Kammertür zu öffnen. Da tauchte plötzlich Alexej auf. Watson bellte. „Alexej, hilf uns!“ Aber was war das? Alexej wurde wütend, sehr wütend. „Darf ich fragen, was ihr hier macht?“, schimpfte er. Böse sah er sie an. Er wartete auf eine Antwort. Watson wurde nervös. Alexej wollte ihnen anscheinend nicht helfen. „Oh nein!“ Watson hechelte. „Vielleicht steckt ja Alexej hinter dem Brand?“

7 Spur

Watsons Spürsinn

Nach der Führung sahen sich die drei Freunde schweigend an. „Ich bin todmüde“, unterbrach Ella die Stille. „Ich möchte in unsere Kabine.“

„Einverstanden“, stimmte Nick zu.

Auch Watson schien dieser Meinung zu sein. Er war schon abgesprungen und schwebte durch den Gang. In der Schlafkabine angekommen legte sich Ella sofort ins Bett. Wegen der Schwerelosigkeit musste sie sich selbst festgurten.

Am nächsten Morgen saßen die drei Freunde gemeinsam mit den Astronauten beim Frühstück.

„Achtung, Ella!“, rief Nick. „Hier kommt deine Mandarine.“ Er hob ein Stückchen in die Höhe und schubste es leicht an. Im Zeitlupentempo schwebte es durch die Luft und landete direkt in Ellas Mund.

„Watson, nun bist du an der Reihe“, schmatzte Ella. Da bemerkte sie, dass ihr Hund nicht mehr bei ihnen war. „Er kommt bestimmt gleich wieder angeflogen“, lachte sie.
Doch nach einer Weile hörte sie ein leises Winseln. Ob Watson etwas entdeckt hatte?

Zum Glück war das Frühstück bald beendet. Ella und Nick konnten sich unbemerkt davonschleichen. Es war gar nicht so einfach, Watson zu finden. Die vielen Gänge auf der ISS glichen einem Labyrinth[11]. „Hier ist er“, flüsterte Ella schließlich.

Watson saß vor einer kleinen Kammer. Angestrengt versuchte er, sie mit seiner Pfote zu öffnen. Als er Ella und Nick sah, bellte er.
„Wo sind wir hier?“ Ella schaute sich fragend um. „Wir sind im Labor, hier werden medizinische Versuche gemacht“, erklärte Nick. „Alexej testet hier gerade ein neues Medikament.“
„Woher weißt du das?“, fragte Ella beeindruckt.
Nick zuckte mit den Achseln. „Ich habe eben bei der Führung gestern zugehört.“

11 Irrgarten

„Sehr witzig!“, ärgerte sich Ella. „Aber egal, viel wichtiger ist es jetzt, Watson zu helfen. Was er wohl entdeckt hat?“

Nick hielt einen Moment inne. „Kann es sein, dass es hier verbrannt riecht?“

„Ja, jetzt rieche ich es auch!“, rief Ella aus. „Schnell, wir müssen die Türe zu der Kammer öffnen.“

Plötzlich hörten sie ein lautes Räuspern hinter sich. Ella und Nick schreckten zusammen. Hinter ihnen stand Alexej und sah sehr wütend aus. „Darf ich fragen, was zum Teufel ihr hier treibt?“ Mit hochrotem Gesicht stand er da und wartete auf eine Antwort.

Ella lief ein Schauer über den Rücken. Wieso reagierte Alexej so heftig? Ob er hinter dem Brand steckte?

Watsons Spürsinn

Nach der Führung sahen sich die drei Freunde schweigend und etwas ratlos an. Gedankenverloren kraulte Nick seinen Labrador. Wie sollte es nun weitergehen?

„Ich bin todmüde“, unterbrach Ella die Stille. „Ich möchte in unsere Kabine. Der Tag heute war extrem anstrengend.“

„Einverstanden“, stimmte Nick zu.

Auch Watson schien dieser Meinung zu sein, denn er war schon abgesprungen und schwebte nun durch den Gang.

In der Schlafkabine angekommen wollten sich die drei gleich hinlegen. Damit sie wegen der Schwerelosigkeit nicht abhoben, mussten sie sich an ihren Betten festgurten. Nick half erst Watson, dann schlüpfte er in sein eigenes Bett und schlief sofort ein.

Am nächsten Morgen saßen die drei Freunde gemeinsam mit Tom, Enrico, Sally und Alexej beim Frühstück.

Die Stimmung war sehr ausgelassen, denn man musste höllisch aufpassen, dass das Frühstück nicht einfach davonflog.
„Achtung, Ella!“, rief Nick. „Hier kommt deine Mandarine.“
Er hob ein Stückchen in die Höhe und schubste es leicht an.
In Zeitlupentempo schwebte es durch die Luft und landete direkt in Ellas geöffnetem Mund.

„Watson, nun bist du an der Reihe“, schmatzte Ella. Sie wollte ihm gerade ein Stückchen Wurst zuwerfen, als sie bemerkte, dass ihr Hund gar nicht mehr bei ihnen war.
„Ungewöhnlich“, meinte Nick. „Normalerweise ist Watson immer sofort zur Stelle, wenn es Futter gibt.“
„Er kommt bestimmt gleich wieder angeflogen“, lachte Ella.
Doch nach einer kurzen Weile hörten sie plötzlich ein leises Winseln. Ob Watson etwas entdeckt hatte?

Zum Glück war das Frühstück bald beendet, sodass es Nick und Ella gelang, sich unbemerkt davonzuschleichen.
In den vielen Gängen, die einem Labyrinth[10] glichen, war es gar nicht einfach, Watson zu finden.
„Hier ist er“, flüsterte Ella schließlich.

Watson saß vor einer kleinen Kammer, die er mit seiner Pfote zu öffnen versuchte. Als er Nick und Ella sah, bellte er aufgeregt. Offensichtlich hatte er etwas entdeckt.
„Wo sind wir hier?“ Ella schaute sich fragend um.
„Wir befinden uns in einem der Labore, hier werden medizinische Versuche gemacht“, erklärte Nick. „Alexej testet hier gerade ein Medikament, das in der Lage sein wird, Krebspatienten[11] zu heilen.“

---

10 Irrgarten
11 Menschen, die an Krebs erkrankt sind

„Woher weißt du das?“, fragte Ella.

Nick zuckte mit den Achseln. „Ich habe eben bei der Führung gestern zugehört, du offensichtlich nicht.“

„Sehr witzig!“, ärgerte sich Ella. „Aber egal, viel wichtiger ist es jetzt, Watson zu helfen. Was er wohl entdeckt hat?“

Nick hielt einen Moment inne. „Kann es sein, dass es hier verbrannt riecht?“

„Ja, du hast recht!“, rief Ella aus. „Schnell, wir müssen die Türe zu der Kammer öffnen.“

Plötzlich hörten sie ein lautes Räuspern hinter sich. Nick und Ella schreckten zusammen. Hinter ihnen stand Alexej und sah äußerst wütend aus. „Darf ich fragen, was zum Teufel ihr hier treibt?“ Mit hochrotem Gesicht stand er da und wartete ungeduldig auf eine Antwort.

Nick erstarrte. Tausend Gedanken schwirrten durch seinen Kopf. Was sollte er nur sagen? Er konnte unmöglich erklären, dass er aus der Vergangenheit kam, um im Auftrag von Sherlock Holmes eine Katastrophe zu verhindern.

Dann schoss ihm noch ein weiterer, viel beunruhigenderer Gedanke durch den Kopf: „Was, wenn Alexej selbst das Feuer gelegt hatte?“

Wissenschaft und Forschung

Rückblick

Feuer auf der russischen Raumstation MIR

Im Februar des Jahres 1986 wurde die russische Raumstation MIR ins All geschossen. Sie war das erste fliegende Weltraumlabor. Viele wichtige Entdeckungen wurden hier gemacht.

Am 24. Februar 1997 ereignete sich eine Katastrophe an Bord. Ein Feuer brach aus und brachte das Leben der Astronauten in Gefahr ...

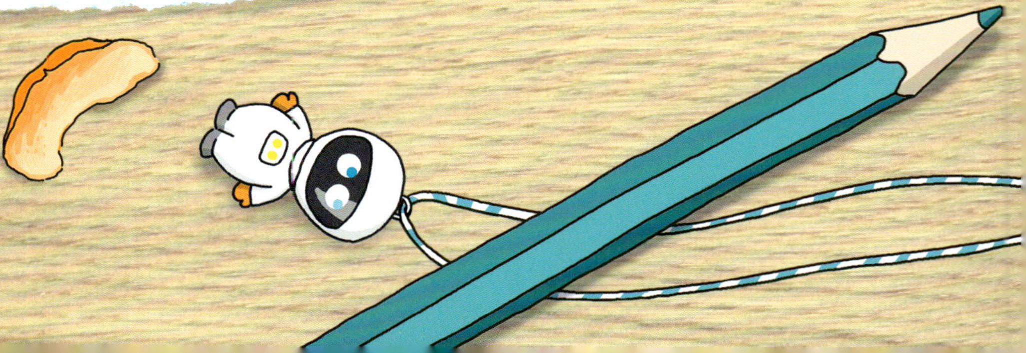

* kommt daher der Ausdruck "fliegende Untertasse"?

Liebes Tagebuch,

am ersten Morgen auf der ISS frühstückten wir alle gemeinsam. Das war sehr lustig, denn wir mussten aufpassen, dass unser Essen nicht wegflog.*

Auf einmal bemerkte ich, dass Watson verschwunden war. Nick und ich schlichen uns heimlich davon und suchten ihn. Wir fanden ihn im Labor. Watson versuchte verzweifelt, die Tür zu einer kleinen Kammer zu öffnen. Es roch schon sehr verbrannt! Waren wir zu spät? Da kam Alexej dazu. Doch statt uns zu helfen, schrie er uns an. Da bekamen wir noch mehr Angst. Hatte am Ende Alexej den Brand gelegt?

Deine Ella

Weißer Rauch

Ängstlich schaute Watson zu, wie Alexej und Nick miteinander redeten. Dann sah er, wie die Wut aus Alexejs Gesicht langsam verschwand. Rasch riegelte dieser die Tür auf. Weißer Rauch kam ihnen entgegen. Anscheinend war ein Kabel gebrochen und hatte einen Brand ausgelöst. Tom, Enrico und Sally eilten schnell herbei. „Hoffentlich ist es nicht zu spät!“ Watson japste. Er hatte Panik.

Doch das Feuer konnte gelöscht werden.

„Es tut mir leid, dass ich so unfreundlich war“, sagte Alexej. „Hier im Labor befinden sich wertvolle Geräte. Ich wusste ja nicht, dass ihr dabei wart, unser Leben zu retten“, grinste er.

„Ohne euch hätten wir den Brand nicht so schnell entdeckt“, sagte Tom. „Wer weiß, was dann passiert wäre …“

Auch Sally und Enrico dankten den dreien sehr. Einige Zeit später saßen Watson, Ella und Nick in der Aussichtskuppel[8] der ISS.

„Ich bin froh, dass keiner der Astronauten das Feuer absichtlich gelegt hat“, sagte Ella.

„Zum Glück war es nur ein gebrochenes Kabel“, stimmte Nick zu, „und zum Glück haben wir es rechtzeitig entdeckt.“

Watson knurrte laut. „Wer hat es entdeckt?“

Nick tätschelte seinen Hund. „Ich meinte natürlich: Zum Glück hat Watson es entdeckt.“

„Das meine ich aber auch!“ Zufrieden kuschelte sich der Labrador an Nick und schaute hinaus ins Weltall.

8 großes Fenster mit Ausblick

Weißer Rauch

Ella blickte zu Nick. Dieser konnte kaum verbergen, wie angespannt er war. Schließlich sagte er zu Alexej: „Wir haben Watsons Winseln gehört und dachten, er wäre in Gefahr.“ Ella hielt den Atem an. Wie würde Alexej nun reagieren?

In dem Moment begann Watson laut zu bellen und scharrte an der Tür. Das bemerkte auch Alexej. „Vielleicht wittert er tatsächlich etwas“, brummte er und entriegelte die Tür. Weißer Rauch stieg ihnen entgegen.

Ella erschrak. „Oh nein! Wir kommen zu spät! …“

Nick sah sie warnend an.

„Keine Angst!“, dachte Ella. „Ich plaudere nichts über unsere Mission aus.“

„Hier muss ein Kabel gebrochen sein“, unterbrach Alexej ihre Gedanken. „Wir müssen schnell handeln, sonst breitet sich der Brand aus.“

Schnell rief er die anderen herbei. Tom, Enrico und Sally waren sofort zur Stelle.

„Keine Sorge, Kinder“, beruhigte Tom sie. „Wir haben einen Notfallplan für solche Fälle.“

Doch Ella, Nick und Watson waren mehr als beunruhigt. Immerhin befanden sie sich an Bord einer Raumstation mitten im Weltall.

Aber Tom sollte recht behalten. Der Brand war innerhalb kürzester Zeit gelöscht und alle atmeten erleichtert auf.

„Es tut mir leid, dass ich so ruppig war“, entschuldigte sich Alexej. „Hier im Labor befinden sich wertvolle Geräte mit wichtigen Forschungsergebnissen. Ich habe ja nicht geahnt, dass ihr gerade im Begriff wart, uns allen das Leben zu retten.“
„Das habt ihr in der Tat“, bekräftigte Tom. „Ohne euch hätten wir den Brand nicht so schnell entdeckt. Wer weiß, was dann passiert wäre …?“
Auch Sally und Enrico dankten den drei Freunden von Herzen. „Dafür habt ihr euch eine Belohnung verdient“, sagte Sally feierlich. „Wenn wir wieder auf der Erde sind, überlegen wir uns etwas ganz Besonderes für euch.“
„Ach, das ist doch nicht nötig!“, sagte Nick bescheiden. Doch Ella schubste ihn an und sagte schnell: „Oh, da freuen wir uns. Vielen Dank!“

Als die beiden später mit Watson in der Aussichtskuppel[12] der ISS saßen, sprachen sie noch einmal über den vergangenen Tag.
„Ich bin so froh, dass keiner absichtlich ein Feuer gelegt hat“, sagte Ella leise.

12 großes, gewölbtes Fenster mit weitem Ausblick

„Ich auch“, beteuerte Nick, „zum Glück war es nur ein gebrochenes Kabel, das den Brand verursacht hat. Und zum Glück haben wir es rechtzeitig entdeckt.“

Kaum hatte Nick dies ausgesprochen, knurrte Watson ärgerlich.

„Schon gut.“ Nick tätschelte seinen Hund entschuldigend.

„Ich meinte natürlich: Zum Glück hat Watson es rechtzeitig entdeckt.“

Zufrieden kuschelte sich der Labrador nun an sein Herrchen.

„Sherlock Holmes ist sicherlich stolz auf uns und schickt uns auf weitere Missionen“, sagte Nick nach einer Weile.

„Ganz bestimmt. Doch für den Moment genügt es mir, diese fantastische Aussicht zu genießen“, sagte Ella und blickte hinaus in die unendlichen Weiten des Weltalls.

Weißer Rauch

Nick fuhr sich über das Kinn und dachte angestrengt nach.

„Was ist nun?“, drängte Alexej. „Ich erwarte eine Erklärung.“

Nachdem Nick alle Möglichkeiten gegeneinander abgewogen hatte, entschied er sich dazu, die Wahrheit zu sagen. Zumindest einen Teil davon.

„Wir haben Watsons Winseln gehört und dachten, er sei in Gefahr“, sagte er schließlich.

„Weshalb sollte euer Hund denn hier oben in Gefahr sein?“

Verständnislos schüttelte Alexej den Kopf, noch immer misstrauisch.

In dem Moment bellte Watson laut und scharrte unaufhörlich an der Tür der Kammer. Da wurde Alexej stutzig.

„Vielleicht wittert er tatsächlich etwas“, brummte er und entriegelte die Tür.

Als er die Kammer öffnete, stieg ihnen weißer Rauch entgegen.

Ella erschrak. „Oh nein! Nun kommen wir doch zu spät! …“

Nick sah sie warnend an, bevor sie noch etwas über ihre Mission ausplauderte.

„Hier muss ein Kabel gebrochen sein. Wir müssen schnell handeln, bevor es sich zu einem großen Brand entwickelt“, sagte Alexej und rief die anderen herbei.

Tom, Enrico und Sally waren sofort zur Stelle – mit Atemmasken und Feuerlöscher. „Keine Sorge, Kinder“, beruhigte Tom sie.

„Wir haben einen Notfallplan für solche Fälle.“

Dennoch – sowohl Nick als auch Ella und Watson waren mehr als beunruhigt. Immerhin befanden sie sich an Bord einer Raumstation mitten im Weltall.

Doch Tom sollte recht behalten. Der Brand war innerhalb kürzester Zeit gelöscht und alle atmeten erleichtert auf.

„Es tut mir leid, dass ich so ruppig war“, entschuldigte sich Alexej. „Hier im Labor befinden sich wertvolle Geräte mit wichtigen Forschungsergebnissen.“

„Ist schon gut“, sagte Nick. „Das kann ich verstehen.“

„Wenn ich geahnt hätte, dass ihr gerade im Begriff wart, uns allen hier oben das Leben zu retten, wäre ich sicherlich freundlicher gewesen“, grinste Alexej.

„Das habt ihr in der Tat“, bekräftigte Tom. „Ohne euch hätten wir den Brand nicht so schnell entdeckt. Wer weiß, was dann passiert wäre …“

Auch Sally und Enrico bedankten sich herzlich bei den dreien für ihren Einsatz. „Dafür habt ihr euch eine Belohnung verdient“, sagte Sally und schaute in die Runde. „Wenn wir wieder auf der Erde sind, überlegen wir uns etwas ganz Besonderes für euch.“

„Ach, das ist doch nicht nötig!“, meinte Nick in aller Bescheidenheit. Doch Ella schubste ihn an und sagte schnell: „Oh, da freuen wir uns. Vielen Dank!“

Als die beiden mit Watson später in der Aussichtskuppel[12] der ISS saßen, ließen sie den Tag noch einmal Revue passieren[13].

„Ich bin heilfroh, dass keiner der Astronauten absichtlich ein Feuer gelegt hat“, sagte Ella leise.

„Ich auch, das kannst du mir glauben“, beteuerte Nick. „Zum Glück war es nur ein gebrochenes Kabel, das den Brand verursacht hat. Und zum Glück haben wir es noch rechtzeitig entdeckt.“

Kaum hatte Nick dies ausgesprochen, knurrte Watson ärgerlich.

„Schon gut, Watson.“ Nick tätschelte seinen Hund entschuldigend.

---

12 großes, gewölbtes Fenster mit weitem Ausblick

13 in der Erinnerung an sich vorüberziehen lassen

„Ich meinte natürlich: Zum Glück hat Watson es rechtzeitig entdeckt.“

Zufrieden kuschelte sich nun der hellbraune Labrador an sein Herrchen.

„Sherlock Holmes ist sicherlich stolz auf uns und schickt uns auf weitere Missionen“, sagte Nick nach einer Weile.

„Ganz bestimmt.“ Ella nickte. „Doch für den Moment genügt es mir, diese fantastische Aussicht zu genießen.“

„Ja, da hast du recht!“, stimmte Nick zu und blickte hinaus in die unendlichen Weiten des Weltalls.

Ein Planet ist ein großer Körper im Weltall.
Er bewegt sich um eine Sonne herum. In unserem Sonnensystem gibt es acht Planeten.
Einer davon ist unsere Erde.

Puh, das war knapp! Zum Glück konnten wir Alexej davon überzeugen, die Kammer zu öffnen. Darin brannte es bereits. Dann ging alles sehr schnell.
Die restlichen Astronauten eilten mit Atemmasken und Feuerlöschern herbei. So konnte der Brand schnell gelöscht werden. Wir waren sehr erleichtert, dass nicht einer der Astronauten das Feuer absichtlich gelegt hatte. Die Ursache des Brands war ein Kabelbruch gewesen.
Nach der ganzen Aufregung saßen Ella, Watson und ich noch lange in der Aussichtskuppel. Der Ausblick auf das grenzenlose Weltall war einfach unbeschreiblich!

Nick

Reise zu den Sternen (ab Seite 6)

1 Finde fünf Unterschiede.

2 Welche Silben gehören zusammen?

Ta	all	
Raum	schen	naut
Welt	tro	uhr
As	schiff	

Training fürs Weltall (ab Seite 16)

3 Wohin fliegen Nick, Ella und Watson?

A auf die Internationale Raumstation ISS

B auf die Innernationale Raumstation ISS

C auf die Internationale Raumstadion CIS

4 Vervollständige den Satz.

Die Übung im Windkanal soll die drei Freunde auf die

S _ _ w _ _ _ l o _ _ _ k _ _ t

im Weltall vorbereiten.

Schwerelos (ab Seite 28)

5 Hier sind neun Buchstaben zu viel.
Wie heißt der Satz richtig?

Diee Erxde untterr ihnen wuurde immmer kleinert unde klleiner.

6 Welche Satzteile passen zusammen?

Dann schoss

war verletzt.

Watson schwebte

das Raumschiff los.

Enricos Bein

durch den Raum.

Watsons Spürsinn (ab Seite 38)

7 Welcher Satz stimmt?

A Watson versuchte, mit seiner Pfode die kleine Kammer zu öfnen.

B Wadson versuchte, mit seiner Pfote die kleine Kamer zu öffnen.

C Watson versuchte, mit seiner Pfote die kleine Kammer zu öffnen.

8 Im Satz unten sind sechs „A“ und „a“ versteckt. Findest du sie alle?

Am nächsten Morgen saßen alle gemeinsam mit den Astronauten beim Frühstück.

Weißer Rauch (ab Seite 48)

9 Sind diese Aussagen hier wahr oder falsch?

A Ein Kabel hat den Brand ausgelöst.

wahr falsch

B Im Labor befinden sich wertvolle Geräte.

wahr falsch

C Alexej hat das Feuer gelegt.

wahr falsch

10 Hier ist einiges durcheinandergeraten!
Wie heißt der Satz richtig?

in Weiten die Weltalls schaute
unendlichen des Ella

11 Hier haben sich fünf Wörter versteckt.
Findest du sie alle?

W	P	X	C	V	Y	Z
F	L	I	E	G	E	N
Q	A	R	F	Z	R	Ö
Ü	N	P	X	C	D	W
Z	E	Ä	U	V	E	L
S	T	E	R	N	Ä	U
S	Z	B	R	A	N	D

12 In diesen Sätzen ist immer ein Wort zu viel.
Hintereinander ergeben sie eine Überschrift. Welche?

Weißer Rauch kam ihnen Watson entgegen.
Er hatte im Panik.
Watson hat Weltall den Brand entdeckt.

65

Lösungen:

1

2 Taschenuhr, Raumschiff, Weltall, Astronaut

3 Lösung: A

4 Schwerelosigkeit

5 Die Erde unter ihnen wurde immer kleiner und kleiner.

11 Hier haben sich fünf Wörter versteckt.
Findest du sie alle?

W	P	X	C	V	Y	Z
F	L	I	E	G	E	N
Q	A	R	F	Z	R	Ö
Ü	N	P	X	C	D	W
Z	E	Ä	U	V	E	L
S	T	E	R	N	Ä	U
S	Z	B	R	A	N	D

12 In diesen Sätzen ist immer ein Wort zu viel.
Hintereinander ergeben sie eine Überschrift. Welche?

Weißer Rauch kam ihnen Watson entgegen.
Er hatte im Panik.
Watson hat Weltall den Brand entdeckt.

6 Dann schoss das Raumschiff los.
Watson schwebte durch den Raum.
Enricos Bein war verletzt.

7 Lösung: C

8 Am nächsten Morgen saßen alle gemeinsam mit den Astronauten beim Frühstück.

9 A: wahr, B: wahr, C: falsch

10 Ella schaute in die unendlichen Weiten des Weltalls.

11 Planet, fliegen, Stern, Erde, Brand

12 Watson im Weltall